SUSANNE OSWALD

ANSELM GRÜN
— KLEINE ANEKDOTEN AUS DEM LEBEN DES BENEDIKTINERPATERS —

Bibliografische Information der Deutschen Nationalbibliothek
Die Deutsche Nationalbibliothek verzeichnet diese Publikation in der Deutschen Nationalbibliografie. Detaillierte bibliografische Daten sind im Internet über http://dnb.d-nb.de abrufbar.

Für Fragen und Anregungen:
info@rivaverlag.de

Originalausgabe
1. Auflage 2016

© 2016 by riva Verlag, ein Imprint der Münchner Verlagsgruppe GmbH,
Nymphenburger Straße 86
D-80636 München
Tel.: 089 651285-0
Fax: 089 652096

Alle Rechte, insbesondere das Recht der Vervielfältigung und Verbreitung sowie der Übersetzung, vorbehalten. Kein Teil des Werkes darf in irgendeiner Form (durch Fotokopie, Mikrofilm oder ein anderes Verfahren) ohne schriftliche Genehmigung des Verlages reproduziert oder unter Verwendung elektronischer Systeme gespeichert, verarbeitet, vervielfältigt oder verbreitet werden.

Redaktion: Antje Steinhäuser
Umschlaggestaltung: Isabella Dorsch
Umschlagabbildung: imago/epd
Satz: inpunkt[w]o, Haiger
Druck: Graspo CZ, Tschechische Republik
Printed in the EU

ISBN Print: 978-3-7423-0006-5
ISBN E-Book (PDF): 978-3-95971-360-3
ISBN E-Book (EPUB, Mobi) 978-3-95971-361-0

Weitere Informationen zum Verlag finden Sie unter

www.rivaverlag.de

Beachten Sie auch unsere weiteren Verlage unter
www.muenchner-verlagsgruppe.de

Inhalt

Vorwort 5

Riesengroß und winzig klein 7

Der innere Raum der Stille und das Hamsterrad 10

Mut zur Lebenslücke 13

Lebendig im steten Wechsel 16

Der Weg zum geschriebenen Wort ging über
Jugendkurse 18

Arbeit als Form von Lebendigkeit 21

Der frühe Pater betet, der späte Pater schreibt 23

Vom Nuschler zur Hall of Fame der Sprecher 25

Häuser bauen mit Worten und Empathie 27

Sehnsucht nach Liebe versus Angst vor der
Bürgerlichkeit 29

Wenn der Hunger zwickt, schwindet die Geduld 32

Die 68er im Kloster 35

Gottesfurcht entlastet 37

Protokolle, Protokolle! 40

Liebe oder Liebe? 42

Input, Output und das richtige Maß! 44

Wer Honig will, will Bienen 46

Schutzschild gegen Worte 48

Ein gereinigter Start in den Arbeitstag 50

Hineinfühlen und auf die Intuition vertrauen 52
Schwäche in Stärke wandeln 55
Abgeben und loslassen 57
Der Pater, das Reh und der Steinbock 59
Wachheit braucht Rhythmus 61
Betrauern und loslassen – auch wenn es um
Frauen geht 63
Das Maß bei Entscheidungen 66
Nimm dein Bett und geh! 68
Rituale geben Halt 70
Die Falle des Erfolgs 72
Grenzen schaffen Klarheit und Wohlbefinden 74
Ab in die Hölle 76
Der Möchtegern-Mönch und das Rumhängen 79
Spiritualität der großen Worte und die Realität 81
Schulden machen, um Geld zu verdienen 84
Purist versus Gewinn – eine Frage der Ethik 86
Allein oder einsam? 88
Schreiben statt Sex 90
Quellen 91

Vorwort

Der Benediktinerpater Dr. Anselm Grün wurde am 14. Januar 1945 in Junkershausen geboren. Seine Eltern gaben ihm den Namen Wilhelm. Zusammen mit seinen sechs Geschwistern wuchs Anselm Grün in München auf.

Nach seinem Abitur trat Pater Anselm in die Benediktinerabtei Münsterschwarzach bei Würzburg ein, damals war er 19 Jahre alt.

Er studierte Philosophie, Theologie und – da er die wirtschaftliche Leitung des Klosters übernehmen sollte – auch noch zwei Jahre Betriebswirtschaft.

Von 1977 bis 2013 hatte er die Position des Cellerars in der Abtei Münsterschwarzach inne.

Darüber hinaus hat er sich immer mit den Problemen und Fragen seiner Mitmenschen beschäftigt und war als spiritueller Berater tätig. Im Laufe der Zeit spielte die Lebenshilfe eine zunehmend wichtige Rolle. Seine besondere Gabe, die er in diesem Bereich eindeutig hat, sprach sich herum, er wurde zum geistlichen Begleiter vieler Manager.

Doch er hielt nicht nur Seminare und Vorträge, sondern schrieb seine Gedanken auch auf. Pater Anselm Grün ist ein erfolgreicher Autor, der über 300 Bücher veröffentlicht hat – etliche davon Bestseller. Seine Themen sind Glück, Trauer, Hoffnung, Träume und auch Spiritualität.

Seine Werke sind in 35 Sprachen übersetzt worden.

2007 wurde Pater Anselm Grün das Bundesverdienstkreuz am Bande verliehen. 2009 kam es anlässlich des Deutschlandbesuches des Dalai Lama zu einem Austausch zum Thema »Innerer Frieden – äußerer Frieden«.

Riesengroß und winzig klein

Die Welt mit anderen Augen und aus verändertem Blickwinkel zu betrachten, ist ein spannendes Unterfangen. Man gewinnt neue Eindrücke, kann manche Dinge vielleicht plötzlich neu einordnen oder gar überhaupt erst verstehen, was vorher nicht verständlich war. Die Neugier wird angestachelt und alltägliche Dinge können zu etwas ganz Besonderem werden.

Kein Wunder, dass besonders Kinder, die ihre natürliche Neugier der Welt gegenüber noch nicht verloren haben, von visuellen Spielereien fasziniert sind.

Kaleidoskope zum Beispiel können immer wieder aufs Neue begeistern und faszinieren. Man dreht und staunt, dreht weiter und das Bild sortiert sich neu, vermittelt mit einem Mal eine völlig andere Stimmung. Manchmal entstehen dabei Geschichten, die Fantasie schlägt Purzelbäume, Ideen sprudeln.

Aber auch eine Lupe kann die Welt verändern und Wunder entstehen lassen, die man mit bloßem Auge nicht entdeckt hätte. Kinder können sich manchmal stundenlang damit beschäftigen, die Welt auf diese Weise zu entdecken – erst mit bloßem Auge und dann im Vergleich mit der Lupe.

Pater Anselm Grün hat sich während der Schulzeit stark für Biologie interessiert. Er fand das so spannend, dass er sogar darüber nachdachte, ob Naturwissenschaftler nicht ein möglicher Beruf für ihn wäre. Naturwissenschaft und Religion faszinierten ihn gleichermaßen.

Viele Menschen, denen Pater Anselm mit seinen tiefgründigen Texten Freude brachte und bis heute bringt, werden froh sein, dass er die Berufsidee des Biologen nicht weiterverfolgt hat und stattdessen Theologe wurde.

Doch die Naturwissenschaft ist dennoch von der Familie erschlossen worden. Sein Bruder Michael hat diese Laufbahn eingeschlagen, allerdings nicht mit der von Anselm Grün geliebten Biologie, Michael wurde Physiker. Interessant dabei: Bevor Michael Grün sich für diesen Weg entschied, verbrachte er nach dem Abitur ein Jahr im Kloster.

Für Pater Anselm Grün blieb die Biologie eine private Liebe. Er hat sich in seiner Jugend ein Mikroskop gewünscht und schließlich eins zu Weihnachten bekommen.

Von da an betrachtete und erforschte er die winzig kleine Welt, die beim Blick ins Mikroskop riesengroß wurde. Besonders gern studierte er die Pantoffeltierchen.

Der innere Raum der Stille und das Hamsterrad

Pflichten, Termine, die alltägliche Hetze, den Anforderungen des Lebens hinterherzukommen – wer kennt das nicht? Manchmal aber lassen Menschen sich derart von ihren Pflichten und Aufgaben vereinnahmen, dass sie sich selbst und ihr Leben darüber vergessen. Am Ende bleibt das Gefühl, gar nicht gelebt zu haben.

Pater Anselm Grün hat dazu ein Buch geschrieben, *Versäume nicht dein Leben!* Im Interview zu diesem Buch wurde er gefragt, ob er selbst dieses Gefühl auch kenne.

Natürlich kenne er die Gefahr, in diesen Strudel hineinzugeraten, natürlich erlebe er auch zwischendurch den Druck der Alltagsanforderungen, ein Termin geht in den nächsten über, es entsteht ein Gefühl der Hetze.

Doch er geht sehr bewusst mit solchen Momenten um, ist sensibilisiert dafür, die Gefahr des Hamsterrades schnell zu erfassen. Dann hält er inne, besinnt sich auf den Moment und darauf, einen Schritt nach dem anderen zu machen, ohne sich selbst dabei aus dem Blick zu verlieren.

Seine Strategie gegen Stress und Hektik setzt schon morgens ein, beim Blick auf den Tagesterminplan.

Je dichter der Tag, je enger der Zeitplan, umso wichtiger ist es für Pater Anselm, bei sich selbst zu bleiben. Er beschreibt den inneren Raum der Stille, den jeder Mensch in sich selbst findet. Es ist ein Raum der Stille, jenseits von Hektik und Anforderungen. Zu diesem Raum haben die Erwartungen anderer keinen Zutritt. Hier kann ein Mensch die notwendige Ruhe finden. Die Gewissheit, diesen persönlichen inneren Raum der Stille zu haben, hilft bei der Bewältigung der täglichen Aufgaben. Mit diesem Bewusstsein kann man die Arbeit erledigen, ohne von ihr aufgefressen zu werden.

Dieser innere Raum der Stille, den man zwar nicht sehen und greifen kann, der aber bei jedem auf dem Grund der Seele existiert, besteht jenseits aller äußeren und inneren Turbulenzen. Man erreicht ihn durch Konzentration auf sich selbst und auf diesen Ort. Wer sich damit schwertut, kann die Atmung zu Hilfe nehmen und beim Ausatmen in sich hineinfühlen, der Stille näherkommen.

An diesem Ort ist man geschützt vor der Gefahr des Hamsterrades. Hier findet man die eigene Kraft und die Ruhe, die man für die Stürme des Lebens braucht.

Mut zur Lebenslücke

Die Möglichkeiten, die das Leben bietet, sind schier unüberschaubar. Selbst wenn man eine Einteilung in machbar und unmöglich vornimmt, bleibt immer noch eine Fülle von Lebenserfahrungen, die man machen könnte – zumindest theoretisch.

Manchmal passen mögliche Erfahrungen und die Entscheidungen, die man für seinen persönlichen Lebensweg fällt, jedoch nicht zusammen, dann muss man in sich gehen, reflektieren und sich letztlich für einen Weg entscheiden.

So ging es auch Pater Anselm. Nachdem er einige Jahre Klosterleben hinter sich hatte, kam ein Gefühl in ihm auf, womöglich nicht alles gelebt zu haben, was er in der Jugend und als junger Erwachsener hätte leben können. Er glaubte, etwas versäumt zu haben.

Sicher hing dieses Gefühl auch damit zusammen, dass er bereits als Zehnjähriger auf ein Internat gekommen war. Dort waren die Jungen von den Mädchen abgeschirmt. Die Erfahrung, mit einem Mädchen befreundet zu sein, blieb ihm deshalb während der Schulzeit verschlossen. Durch seinen Eintritt ins Kloster mit 19 Jahren, direkt nach dem Abitur, blieb es bei dieser Abschirmung.

Pater Anselm hat seine Gefühle nicht einfach beiseitegewischt, sondern sich selbst ernst genommen, über die Situation nachgedacht und in sich hineingefühlt. So kam er zu dem Schluss, dass er zwar nicht alles gelebt hat, auf einige Erfahrungen verzichten musste, aber dafür lebt er bewusst im Hier und Jetzt.

Nach intensiver Betrachtung seines Lebens blieb das Gefühl der Dankbarkeit. Er hat sein Leben angenommen. Es ist ihm bewusst, dass er nicht »in allem satt geworden ist«. Doch gerade das, so meint er, mache ihn auch lebendig.

Heute lebt er im Einklang mit seinen Erfahrungen und mit den Mangelerfahrungen, die letztlich ja ebenfalls Erfahrungen sind. Das Bewusstsein, nicht alle Bedürfnisse gestillt haben zu können, ist Teil seines Lebens.

So schafft Pater Anselm es, selbst eine Mangelerfahrung für sich zu einer Bereicherung zu machen. »Die Mangelerfahrung ist eine Quelle des Segens geworden.« Denn so konnte er Menschen mit ihren Gefühlen, ihren Zweifeln und ihren Problemen besser verstehen.

Lebendig im steten Wechsel

Lebendigkeit ist wichtig. Wir alle sollten sie uns erhalten, das Leben und die Welt aktiv annehmen und gestalten – immer im Augenblick sein und mit allen Sinnen leben.

Doch was ist es eigentlich, das einen lebendig hält?

Wer immer das Gleiche macht, das Gleiche erlebt und vor den gleichen Herausforderungen steht, kann unter Umständen abstumpfen, die Lebenslust und die Lebendigkeit verlieren, selbst wenn er mitten im Leben steht und daran teilhat. Es kommt darauf an, das Leben zu spüren, sich selbst lebendig zu erleben und Anteil zu nehmen an dem, was Leben ausmacht.

Heute sagt Pater Anselm: »Das Kloster hält mich lebendig.«

Doch das war nicht immer selbstverständlich für ihn, es gab auch Zeiten des Zweifels.

So hatte er gerade zu Beginn seiner Zeit im Kloster Bedenken, dass er durch den Rückzug hinter die Klostermauern seine Lebendigkeit verlieren könnte. Er hatte Angst, in der Einsamkeit hinter den Klostermauern, nur zwischen Männern, möglicherweise zu verkümmern.

Doch Angst ist eine Sache, das Leben eine andere. Und das Leben lehrte ihn, dass die Angst unbegründet war. Heute weiß Pater Anselm, gerade der Wechsel zwischen Gebet und Arbeit, zwischen Gemeinschaft und Einsamkeit, innen und außen, hält ihn lebendig.

Vielleicht ist es auch die Achtsamkeit, mit der er nicht nur anderen Menschen begegnet, sondern die er auch sich selbst gegenüber wachhält.

Aber nicht nur zu seinen Anfangszeiten im Kloster gab es Zweifel. Auch in den folgenden Jahren gab es immer wieder Gedanken an die Welt draußen. Sehnsüchte, die ihn zum Nachdenken und Nachfühlen brachten, dazu, seine Situation zu analysieren und die Entscheidung für das Kloster immer wieder neu zu treffen.

Vielleicht müsste man es gar nicht Zweifel nennen, sondern eine gesunde Reflexion?

Der Weg zum geschriebenen Wort ging über Jugendkurse

Oft haben Menschen Talente, die sie über eine lange Zeit nicht erkennen, von denen sie keine Ahnung haben, dass sie in ihnen schlummern. Manchmal ist es sogar so, dass es genau diese Talente sind, die aus einer schlechten Erfahrung heraus als nicht vorhanden abgestempelt wurden. Erst im Laufe der Jahre, durch das Leben, durch bestimmte Ereignisse, durch die persönliche Entwicklung, kommen diese Talente schließlich zur Geltung und tragen mitunter Früchte von beeindruckender Kraft und Fülle.

So war Anselm Grün ein durchaus guter Schüler, der sich immer über viele Einsen in seinem Zeugnis freuen durfte. Nur im Fach Deutsch kam er über eine Zwei nie hinaus.

Das geschriebene Wort schien ihm nicht so wohlgesonnen, er hegte keine besonders positive Beziehung dazu. Davon, sich selbst als Autor zu sehen, war er weit entfernt. Es gab auch keine heimliche Sehnsucht. Schreiben gehörte für ihn einfach nicht zu seinem Leben.

Der Weg zum geschriebenen Wort ging über Jugendkurse

Doch sein Lebensweg hatte etwas anderes für ihn vorgesehen. Das kam nicht über Nacht, sondern es war eine Entwicklung. Begonnen hat alles mit den Jugendkursen, die Pater Anselm leitete. Nach diesen Begegnungen war es ihm immer ein Anliegen, den Jugendlichen noch einmal einen Brief zu schreiben. Eine Ermutigung, das, was sie im Kurs gemeinsam erlebt hatten, auch weiterzuführen. Eine kleine schriftliche Erinnerungsstütze an die Kurstage also.

Diese Rundbriefe fielen ihm leicht, denn es ging nicht um irgendeinen beliebigen Aufsatz, sondern er hat für die Jugendlichen etwas aufgeschrieben, hatte einen direkten Ansprechpartner vor Augen. Das ist etwas, was ihn bis heute begleitet, er schreibt nie ins Leere hinein, sondern immer direkt für Menschen.

Wann immer er schreibt, er versucht, damit Fragen zu beantworten, die ihm gestellt werden und wurden und die zu dem jeweiligen Thema passen. Diese Antworten gibt er so gut es geht, ohne selbst zu bewerten, denn das ist einer seiner Grundsätze: nicht bewerten, sondern viel lieber helfen, Mut machen und begleiten.

Das war bei den Rundbriefen so, mit denen nach den Jugendkursen alles begann, und das ist auch bei jedem seiner Bücher der Fall, die so viele Leser erreichen.

Auf diese Weise wurde mit kleinen Rundbriefen für Pater Anselm allmählich der Weg geöffnet zum geschriebenen Wort und zum Bestsellerautor.

Arbeit als Form von Lebendigkeit

Das Gefühl, im richtigen Leben zu sein, am richtigen Platz, bei der richtigen Tätigkeit, vermittelt auch Lebendigkeit. Wer diesen Platz nicht hat, wer mit Widerwillen seine Arbeit verrichtet, hat oft das Gefühl, etwas zu versäumen. Dann ist man nicht im Gleichgewicht. Statt im Hier und Jetzt zu leben, verrichtet man seine Pflicht mehr oder weniger widerwillig. Da gäbe es so viele Dinge, die man in dieser Zeit tun könnte, die schöner wären und mehr Freude bereiten würden.

Die Glücklichen aber erleben ihre Arbeit als Form der Lebendigkeit. Sie lieben, was sie tun. Aus dieser Liebe erwächst neue Kraft. Man lebt bewusst im Hier und Jetzt – da man gerne arbeitet, gibt es auch keinen Grund, in die Vergangenheit oder Zukunft zu flüchten.

Vielleicht ist das Pater Anselms Geheimnis? Seine Lebendigkeit nährt sich aus seiner Liebe zu seinem Tun. Immer im Hier und Jetzt.

So liebt er das Schreiben, es ist seine Arbeit, die er jedoch gar nicht wirklich als Arbeit empfindet.

Wenn er mit Schreiben beginnt, hat er nur die Idee im Kopf. Er weiß vorher nicht genau, was er schreiben will. Er fängt einfach an und während des Schreibens formulieren sich die Gedanken.

So tastet er sich Wort für Wort, Gedanke für Gedanke an ein Thema heran, immer auf der Suche nach dem Schlüssel zum Geheimnis des Lebens.

Für Pater Anselm ist das gelebte Lebendigkeit.

Aber es ist ihm zudem ein wichtiges Anliegen, immer wieder zu beteuern, dass man keine Angst haben muss, nicht gelebt zu haben. Es ist nie zu spät, damit anzufangen. Allein die Tatsache, dass man darüber nachdenkt, bedeutet schon einen Schritt in Richtung Lebendigkeit.

Der frühe Pater betet, der späte Pater schreibt

Oft steht folgende Frage zur Diskussion: Eule oder Lerche? Es gibt Menschen, die mit den Hühnern schlafen gehen und dafür beim ersten Morgengrauen bereit sind, in den Tag zu starten. Die andere Fraktion geht nicht vor Mitternacht ins Bett, oft erst dann, wenn die ersten Hähne schon wieder zum Kikeriki ansetzen. Und sie stehen auf, wenn andere bereits die erste Energiewelle hinter sich haben, der Tag den Morgentau längst hat verdunsten lassen.

Für einen Pater wie Anselm Grün ist solch eine Betrachtungsweise müßig, denn im Kloster gibt es einerseits geordnete Strukturen und vorgegebene Gebets- und Essenszeiten, andererseits ist Pater Anselm so viel auf Reisen und so oft beruflich eingebunden, dass seine persönlichen Schlafvorlieben kaum ins Gewicht fallen.

Sein Tag startet um 4.40 Uhr, um 5 Uhr findet das erste gemeinsame Chorgebet statt, das 45 Minuten dauert, danach folgen 25 Minuten Schweigemeditation. Nach der anschließenden

Eucharistiefeier wird um 7 Uhr schweigend gefrühstückt. Um 12 Uhr findet vor dem schweigend eingenommenen Mittagessen das nächste Chorgebet statt. Um 18 Uhr ist Vesper, ein kirchliches Abendgebet, und mit einem letzten Chorgebet ist um 20 Uhr der Klostertag beendet, dann bleibt Zeit zu lesen, zu studieren oder auch zu schreiben.

Insgesamt fünf Mal treffen sich die Mönche über den Tag verteilt zum Gebet.

Doch auch der fleißigste Pater muss Zugeständnisse an die eigene Kraft machen. So gesteht Pater Anselm ein, dass er mehrmals wöchentlich Abendkurse gibt. Nach Tagen, an denen er erst nach Mitternacht ins Kloster zurückkommt, gönnt er sich die Freiheit, erst um 5.45 Uhr aufzustehen.

Was ist er denn dann? Eule oder Lerche?

Vom Nuschler zur Hall of Fame der Sprecher

Sprechen lernen wir alle in unserer frühen Kindheit. Wir sprechen täglich, teilen uns mit, argumentieren, diskutieren, erzählen, senden Botschaften. Meist findet das in kleinem Kreis statt, das ist Alltag und kostet uns kaum Mühe.

Vor mehreren Menschen zu sprechen, in der Schulzeit vor einer Klasse, im Studium vor einer voll besetzten Aula oder als Seminarleiter vor einer wissbegierigen Gruppe Menschen, kostet besonders die ersten Male Überwindung. Plötzlich bekommt das gesprochene Wort eine größere Bedeutung, dadurch kann der Sprecher unsicher werden. Ist das, was ich sagen möchte, inhaltlich klar genug? Interessant genug? Wie wirke ich mit meiner Botschaft auf die Menschen, an die ich mich richte?

Zu all diesen Fragen kommen noch ganz formale Überlegungen. Spreche ich deutlich oder nuschele ich? Spreche ich Hochdeutsch oder Dialekt? Spucke ich beim Sprechen? Habe ich die richtige Atemtechnik, damit mir auch am Ende des Satzes nicht die Luft ausgeht.

Die Intonation ist ein wichtiger Teil einer Rede. Ebenso die Körperhaltung, die Stimmlage und natürlich – last but not least – der Inhalt.

Pater Anselm erzählt von sich, dass er in früheren Jahren gar kein sonderlich guter Sprecher war. Er habe genuschelt, berichtet er. Auch fehle es ihm an einer Sprecher-Ausbildung.

Umso schöner war die Erfahrung, als er im Laufe der Jahre immer mehr Menschen erreichen konnte. Hierfür und auch dafür, dass dies anerkannt wird, ist Pater Anselm sehr dankbar. So wurde er, der sich selbst zu seinen Anfangszeiten als gar nicht so guten Sprecher eingeschätzt hatte, 2011 mit der Aufnahme in die Hall of Fame der German Speakers Association ausgezeichnet. Eine Auszeichnung, die nicht nur seine Qualitäten als Sprecher umfasst, sondern auch sein Lebenswerk würdigt.

Häuser bauen mit Worten und Empathie

Woran liegt es, dass manche Menschen einen besonderen Erfolg haben, obwohl sie scheinbar das Gleiche tun wie viele andere. Was macht den Erfolg des einen oder den Misserfolg des anderen aus?

Es gibt gute Redner, die eloquent sind und daneben auch inhaltlich bedeutsam. Manche von ihnen schaffen es dennoch nicht, ihre Zuhörer wirklich zu erreichen. Ihre Worte sind nur Schall, sie berühren nicht die Seelen, hinterlassen keine Spuren.

Und dann gibt es Sprecher wie Anselm Grün. Weltweit schafft er es über gesellschaftliche und kulturelle Grenzen hinweg, Menschen mit seiner Sprache abzuholen. Er berührt und bewegt Millionen, oft sogar über die christlichen Grenzen hinaus.

Immer wieder wird Pater Anselm auf seinen enormen Erfolg angesprochen. Immer wieder wird er gefragt, was das Geheimnis dieses Erfolges ist. Ausgerechnet ein Mann der Kirche, die in der heutigen Zeit einen gar nicht mehr so fest verankerten Stand in der Gesellschaft und in den Köpfen vieler Menschen hat. Was ist es, was Pater Anselm anders macht?

Für den Pater sehr wichtig: Er versucht, nicht zu moralisieren und nicht zu bewerten. Vielmehr möchte er die Menschen abholen, behutsam mit ihnen Situationen hinterfragen und ebenso behutsam mögliche Wege aufzeigen, wie man mit Problemen, Ängsten, Sorgen und anderen Nöten umgehen kann.

Für seine Art, Menschen anzunehmen und mit ihnen zu sprechen, hat Pater Anselm Grün ein Bild. Er stellt sich vor, dass er mit seinen Worten ein Haus baut. In diesem aus seinen Worten gebauten Haus sollen sich die Menschen zu Hause fühlen, verstanden und angenommen. Es ist ein Moment der Geborgenheit.

Wenn die Menschen aus diesem Haus wieder in den Alltag treten, haben sie Kraft geschöpft, Hoffnung, Vertrauen – eben das, was jeder Einzelne in diesem Moment braucht.

Sehnsucht nach Liebe versus Angst vor der Bürgerlichkeit

Jeder kennt das Gefühl der Sehnsucht. Wir sehnen uns nach dem Meer, wenn wir in den Bergen sind, nach Salz, wenn wir Zucker haben, nach einem Partner, wenn wir solo sind, oder auch nach Einsamkeit, wenn wir einen Partner haben. Der Mensch scheint oft und gern seine Aufmerksamkeit auf das zu richten, was er gerade nicht hat, statt im Hier und Jetzt das zu schätzen, was da ist. Damit wäre die Sehnsucht arbeitslos.

Andererseits ist Sehnsucht natürlich auch ein Antrieb, sie kann unseren Ehrgeiz wecken, uns dazu bringen, Dinge zu bewegen. Wir gehen auf in der Anstrengung, eine Sehnsucht zu stillen.

Wie so oft im Leben kommt es wohl auf die Balance an. Ohne Sehnsucht herrscht Stillstand, mit zu viel Sehnsucht verpassen wir das Leben, verlieren wir unsere Lebendigkeit.

Auch Pater Anselm ist das Gefühl der Sehnsucht nicht fremd. Es gab Jahre im Kloster, in denen er sich nach einem weltlichen Leben gesehnt hat. Er hat sich verliebt und die Sehnsucht nach einer Familie, nach Frau und Kindern, wurde groß.

Und so kam es, dass Pater Anselm Grün tatsächlich hin und wieder darüber nachdachte, wie es wäre zu heiraten, Kinder zu haben, ein weltliches Leben zu führen. Und er scheute sich nicht, diesen Gedanken weiterzuspinnen. Im Gegenteil, Anselm Grün ging in die Vorstellung hinein, malte sich aus, wie so ein weltliches Leben aussehen könnte, wie er sich fühlen könnte als liebender Ehemann, als Familienvater.

Dieses konsequente Durchdenken einer Sehnsucht, einer Idee, findet er enorm wichtig und hilfreich bei der Entscheidungsfindung. Denn wer nur bis zur Idee denkt, aber nicht darüber hinaus, der wird immer unentschlossen bleiben, sich nie eine wirkliche Meinung bilden können. Dieses Vorgehen empfiehlt er jedem, der vor einer Richtungsfrage steht. Man sollte mit der Fragestellung an die Entscheidung gehen: Wie geht es mir in fünf Jahren oder in zehn Jahren, wenn ich dies tue – aber auch: Wie geht es mir in fünf Jahren oder in zehn Jahren, wenn ich jenes tue.

Hierbei sollte man sich beobachten und genau hinfühlen. Auf diese Weise hat man eine gute Chance, die persönlich richtige Entscheidung zu treffen.

Und so, wie er es empfiehlt, ging auch Pater Anselm an seine Entscheidung heran: Kloster oder Familie? Er dachte darüber nach, über die Entscheidung hinaus.

Hatte er diesen Gedanken aber zu Ende geführt, stand ganz groß die Angst im Raum zu verbürgerlichen.

Für einen Alt-68er das Schimpfwort schlechthin. Und so blieb die Überlegung immer nur Theorie, während Pater Anselm weiter Benediktinerpater blieb. Er hat im Kloster seinen Ort der Lebendigkeit gefunden.

Wenn der Hunger zwickt, schwindet die Geduld

Bei uns Menschen ist die Fähigkeit zur Geduld sehr unterschiedlich ausgeprägt. Es gibt Leute, die schon nach zwei Sekunden hupen, wenn die Ampel auf Grün geschaltet hat und der Vordermann nicht sofort Gas gibt. Andere warten geduldig ab und nehmen es sogar mit Gelassenheit, selbst wenn die Verträumtheit des Vordermanns das Warten während einer weiteren Rotphase bedeutet.

Ein Mensch, der auf andere immer und überaus geduldig wirkt, ist Pater Anselm. Geduldig zwar, aber doch auch immer in Bewegung – man könnte sagen arbeitsam. Das liegt auf der Hand, sonst hätte er nie neben seinen Aufgaben im Kloster, den vielen Kursleitungen und Vorträgen auch noch über 300 Bücher schreiben können. Ein Mensch mit derartigem Output muss im Fluss sein, kann sich keine langen Phasen des Zögerns erlauben.

Hat auch er Momente der Ungeduld? Was für Momente sind das?

Wenn der Hunger zwickt, schwindet die Geduld

Danach gefragt, lächelt Pater Anselm und erzählt, dass er es nicht mag, wenn Leute zu klein denken und aus jeder Kleinigkeit ein Problem machen. Auch die Unfähigkeit, sich zu entscheiden, ist etwas, was bei Pater Anselm das Ungeduldsmonster wecken kann.

Durch seine Arbeit ist der Pater natürlich viel auf Reisen, was zur Folge hat, dass er auch oft in Hotels übernachtet. Und so fällt ihm auch spontan eine klassische Situation ein, die ihn ungeduldig macht.

Es ist nicht die sprichwörtliche Schlacht am kalten Buffet, wie Reinhard Mey sie besingt, sondern vielmehr die Leute vor ihm, die am Buffet entlangschlendern und sich mit der Entscheidung schwertun. Sie stehen da, überlegen ewig, was sie denn nun auf ihren Teller packen wollen. Müssen vielleicht sogar noch mal ein Stück zurück, weil sie es sich anders überlegt haben, und halten auf diese Weise den ganzen Betrieb auf. Wenn Pater Anselm hinter solchen Menschen anstehen muss, die sich mit der Entscheidung schwertun, welches Salatblatt es sein soll, wird seine Geduld auf die Probe gestellt. »Dann muss ich schon die Luft anhalten«, sagt er über sich selbst.

Wenn dann noch der Magen knurrt, feiert Pater Anselms Ungeduld ein Fest und die Geduld verzieht sich, bis der Hunger gestillt ist.

Die 68er im Kloster

In den Sechzigerjahren bebte Deutschland unter den Wellen der 68er-Bewegung. Es war eine massive Kritik an der Politik der vergangenen Jahrzehnte. Emanzipation, Freiheit, antiautoritäres Leben und Gleichberechtigung waren wichtige Punkte, um die gestritten und gekämpft wurde. Die Studenten von damals gingen auf die Straßen. Die 68er wollten eine Herrschaft von Menschen über Menschen nicht mehr dulden.

Weltliche Probleme, die nichts mit einem Kloster und dem dortigen Klosterleben zu tun haben? Weit gefehlt!

Die Unruhen der Außenwelt schwappten über die Klostermauern hinweg und brachten auch dort das sonst ruhige und gemächliche Fahrwasser in Turbulenzen. Gingen außerhalb der Klostermauern die Studenten auf die Barrikaden, taten es ihnen die Brüder innerhalb der Klostermauern gleich.

Auch Pater Anselm Grün gehörte zu den Rebellen. Der Kampf galt den Überlieferungen der Mitbrüder. Die engen Vorgaben an Ritualen und Symbolen sollten aufgebrochen werden. Pater Anselm und seine Mitstreiter standen ein für mehr Offenheit, für Diskussionen und Neueinordnung von Bräuchen. Sie wollten nicht mehr ungefragt alles übernehmen, nur weil es so überliefert war. Es ging darum, die Klostergemeinschaft neu zu definieren, sie an die moderne Welt anzupassen und verkrustete Strukturen aufzubrechen.

Für die älteren Mitbrüder war dieses Begehren im ersten Moment eine gegen sie gerichtete Kritik, doch darum ging es den rebellierenden Brüdern gar nicht. Sie wollten nur eine Öffnung, die Möglichkeit, Traditionen neu zu betrachten und einzuordnen.

In vielen Gesprächsrunden näherten sich die Generationen an. Die Kluft wurde überbrückt und es kam zu einer gemeinsamen Standortanalyse, es wurde eine gemeinsame Suche. Eine wichtige Frage war: »Was trägt uns, was heißt es heute, Mönch zu sein?«

Die Klosterwelt wurde nicht komplett umgekrempelt, aber in kleinen Schritten kam es zu einer Auflockerung alter Strukturen.

Gottesfurcht entlastet

Burn-out ist ein Thema, das uns immer häufiger begegnet, immer mehr Menschen persönlich betrifft. Doch Burn-out bedeutet nicht zwangsläufig, zu viel gearbeitet zu haben, sondern vielmehr nicht im Fluss mit seiner Arbeit zu sein. Viel zu viel Energie fließt in falsche Kanäle, Kraft wird für Dinge benötigt, die mit dem Ego zu tun haben, statt sie auf die Aufgabe zu konzentrieren.

Wer kennt die Situation nicht, dass er abends im Bett liegt, sich hin- und herwälzt und einfach nicht abschalten kann. Da gehen einem ganze Gespräche noch einmal durch den Kopf, man überlegt sich, was man hätte anders sagen können, ob man wirklich alles gesagt hat, wie das Gegenüber die Aussagen wohl empfunden haben mag – die Gedanken kreisen, Energie geht verloren, der Schlaf bleibt aus.

Gottesfurcht heiße, man habe alles getan, was man konnte und müsse den Rest Gott überlassen, so Pater Anselm. Er sagt, man muss vertrauen: »Dass er das Werk meiner Hände segnet.«

Wer diese Überzeugung, diese Einstellung verinnerlicht hat, kann loslassen. Es ist ohnehin unmöglich, immer alles zu berücksichtigen, immer an alles zu denken und alle Möglichkeiten in Erwägung zu ziehen. Wie gut ist es dann, die Situation im Vertrauen auf Gott loszulassen. Natürlich entlastet das aber nicht davon, nach bestem Wissen und Gewissen seine Aufgaben zu erfüllen. Es ist kein Wegweiser für Bequemlichkeit. Aber ab einem gewissen Punkt liegt der Lauf einer Sache einfach nicht mehr in unserer Hand. Da bringen uns Überlegungen nicht mehr weiter, sondern binden nur Energie.

Als Pater Anselm vor über 30 Jahren begann, Menschen zu begleiten und Gespräche zu führen, war er selbst noch ein Grübler. Anfangs reflektierte und überdachte er jedes Gespräch noch einmal bis in jede Kleinigkeit. Immer mit der Fragestellung, ob er vielleicht etwas hätte besser machen können, eine andere Antwort geben, ein anderes Wort wählen oder eine andere Richtung einschlagen. Er hinterfragte sein Agieren und sich selbst auf allen Ebenen.

Irgendwann wurde ihm bewusst, dass diese Reflexionen Energieverschwendung waren. Dieses Hinterfragen war zu sehr auf ihn selbst gerichtet.

Gottesfurcht entlastet

Es ging letztlich darum, wie er beim Gegenüber angekommen war, welchen Eindruck er gemacht hatte und ob er diesen Eindruck vielleicht hätte verbessern können.

Heute lässt er sich im Gespräch selbst natürlich darauf ein und ist ganz im Hier und Jetzt. Aber im Anschluss spart er sich das Reflektieren, überlässt es Gott, die Situation zu segnen. Der andere solle ja nicht von ihm begeistert sein, sondern solle von Gott berührt werden.

Und so kann Gottesfurcht entlasten.

Protokolle, Protokolle!

Die ganze Welt wird immer stärker protokolliert, sei es ein Besuch beim Arzt oder eine Sitzung in der Geschäftswelt. Alles muss schriftlich festgehalten werden. Die Angst, etwas könnte verloren gehen, nicht mehr beweisbar sein, falsch ausgelegt oder zu Unrecht eingefordert werden, treibt immer wildere Protokollblüten.

Ärzte verbringen inzwischen fast mehr Zeit damit, ihre Arbeit zu protokollieren, als sich um die Patienten zu kümmern. Polizisten stöhnen unter der Gewalt der Papierberge. Die Angst, einen Fehler zu machen, ist allgegenwärtig. Doch dieses Wirtschaften aus Angst verschlingt sehr viel Geld, vor allem in Form von Arbeitszeit.

Das Vertrauen fehlt. Der Mut, Dingen ihren Lauf zu lassen, wird immer weniger.

Auch Pater Anselm kann ein Lied davon singen. Doch da spürt man, dass die Rebellenseele der 68er-Generation nicht eingeschlafen ist.

In Deutschland gibt es seit dem 1. Januar 2010 ein Bankengesetz, das verlangt, alle Gespräche zwischen Bankangestellten und Kunden zu protokollieren. An dieser Stelle verweigert sich Pater Anselm Grün: »Den Unsinn mache ich nicht mit.«

Um dieses Gesetz zu umgehen, hat er sich überall als professioneller Anleger eintragen lassen. Damit erspart er sich selbst und anderen einen ganzen Wust von Protokollen.

Auch hier zeigt sich wieder: Gottesfurcht entlastet.

Pater Anselm hat keine Angst. Er hat keinerlei Bedenken, dass durch die fehlenden Gesprächsprotokolle Fehler entstehen könnten.

Er vertraut auf die Führung und den Segen Gottes.

Liebe oder Liebe?

Für den einen ist es Küchenkrepp, für den anderen die längste Serviette der Welt. Und doch sprechen beide von der gleichen Sache.

Oft ist es gar nicht so einfach, sich zu verstehen, selbst wenn man die gleiche Sprache spricht, gibt es reichlich Raum für Missverständnisse. Man spricht miteinander und irgendwie doch aneinander vorbei.

Wenn man sich unterhält, den Gesprächspartner indessen gar nicht versteht, kann das an der unterschiedlichen Sichtweise auf etwas liegen. Die Definition einer Sache unterscheidet sich derart, dass Missverständnisse entstehen können.

Was ist überhaupt Liebe? Woran denkt man, wenn man das Wort Liebe hört? Der eine hat sofort das Bild eines sich liebenden Paares vor Augen, der andere das Licht der Welt, wieder ein anderer die Liebe, die in allen Dingen liegt und sich durch ein positives Leben ausdrückt. Es gibt die Liebe in der Familie, aber auch die zum Haustier, man hat ein Lieblingsessen oder liebt Spaziergänge im Sonnenauf- oder -untergang.

Liebe oder Liebe?

So hat auch Pater Anselm die Erfahrung gemacht, dass Liebe nicht für jeden das Gleiche bedeutet.

Als er mit einer buddhistischen Zenmeisterin zusammen ein Buch geschrieben hat, wurde natürlich auch reichlich diskutiert. Sie sprachen unter anderem über ihre persönlichen Erfahrungen bei der Meditation. Die Technik der Meditation ist sich ähnlich, doch wo Buddhisten in die Stille gehen, gehen Christen in das stille Gebet, da das Wort des Gebetes die Öffnung der Tür bewirkt, die zum wortlosen Geheimnis Gottes führt. Und dieses Geheimnis ist für Pater Anselm Liebe.

Die Zenmeisterin lehnte das ab, fand Liebe als Geheimnis zu anstrengend. Nach ihrer Meditationserfahrung gefragt, antwortete sie: Leere. Damit wiederum konnte Anselm Grün nichts anfangen, das war ihm zu kalt.

In der weiteren Diskussion wurde klar, dass Liebe für die Zenmeisterin die Verbindung zwischen Mann und Frau bedeutet, während sie für Pater Anselm eine »Qualität des Seins« und der Grund aller Dinge ist. Für ihn findet Liebe als eine Gotteserfahrung ihren Ausdruck.

Input, Output und das richtige Maß!

Es ist wichtig, etwas zu lernen, zu lesen, sich weiterzubilden und seinen Verstand am Erfahrenen zu schärfen. Doch wenn man nur aufnimmt, aber nichts davon je wieder nach außen dringt, dann fließt nichts.

Es kommt auch hier darauf an, das richtige Maß zu finden.

Pater Anselm erzählt, dass es bei ihm im Kloster Brüder gibt, die sich an der Masse des Inputs verschlucken, weil der dazugehörende Output fehlt. Sie brauchen eine Fortbildung nach der anderen, aber es kommt nichts dabei heraus.

Aber auch in anderen Bereichen ist Maßlosigkeit ein häufiges Problem. Burn-out ist nach Pater Anselm ein Zeichen, dass man zum einen aus den falschen Quellen schöpft und zum anderen seine Kräfte falsch einschätzt – man geht maßlos mit ihnen um. Die Folge: Burn-out.

Wenn man aus der richtigen Quelle schöpft, dann fließt es, die Arbeit geht leicht von der Hand, es kommt nicht zu dem Gefühl der Überforderung. Auch das ist eine Sache des richtigen Maßes und eine Frage der Balance zwischen Input und Output.

Am Output fehlt es Pater Anselm sicher nicht, wenn man seine über 300 Bücher und jährlich um die 200 Vorträge betrachtet. Auch an seinem Input wird niemand zweifeln, der ihn hört und liest und auf diese Weise erlebt, wie nah Pater Anselm am Zeitgeschehen ist, wie er Schriften zitiert und Wissen scheinbar aus dem Ärmel schüttelt.

Und doch mag man vielleicht auf die Idee kommen, dass derart großer Output zu Lasten des Inputs gehen könnte. Ein Autor, der derart viele Bücher geschrieben hat, muss doch eigentlich einen Großteil seines Lebens mit Schreiben verbringen.

Man mag das Bild des Autors vor Augen haben, der Stunden an einem Satz feilt, Geschriebenes seitenweise wieder löscht und von vorne beginnt.

Und dann kann man staunen, wenn Pater Anselm in bescheidener Art sagt: »Ich habe sechs Stunden Schreibzeit in der Woche, das genügt.«

Wer Honig will, will Bienen

Dem Mutigen gehört die Welt – doch nur, wenn sein Mut auch von Erfolg gekrönt ist. Ein Sprichwort sagt: Der Sieg hat viele Väter, aber die Niederlage nur einen. (Manche sagen auch: Die Niederlage ist Waise.)

Wer etwas entscheidet, braucht den Mut, den Kopf hinzuhalten für die Folgen, die diese Entscheidung mit sich bringt.

In der Finanzwelt liegen Mut und Übermut oft eng beieinander und häufig kann man gar nicht abschätzen, ob es nun das eine oder das andere ist. Natürlich kann man sich informieren, man kann Situationen und Entwicklungen analysieren. Aber irgendwann muss man sich entscheiden. Wählt man eine sichere Anlage, verzichtet man auf Gewinn. Wählt man eine unsichere Anlage, riskiert man zwar Verlust, kann aber mit Glück gute Gewinne einfahren. Meist gilt: je unsicherer, desto höher die mögliche Rendite.

Wer Honig will, will Bienen.

Geldanlagen waren in seiner Zeit als Cellerar natürlich ein wichtiges Thema für Pater Anselm. Er wusste, er muss klug wirtschaften, um das Kloster einerseits nach vorne zu bringen, es wirtschaftlich zu stärken, andererseits durfte er die wirtschaftliche Kraft des Klosters nicht gefährden.

Pater Anselm war bekannt für seinen Mut in Fragen der Geldanlage. Lange wurde er dafür bewundert und alle freuten sich über die Gewinne.

Als die Finanzkrise kam und auch die Anlagen beutelte, die Pater Anselm für das Kloster gewählt hatte, standen die Kritiker jedoch schnell parat. Pater Anselm blieb indessen gelassen und findet diese Kritik sogar ein bisschen scheinheilig: »Wer nichts verloren hat, hat vorher auch nichts gewonnen.«

Er steht zu seinem Mut, Entscheidungen zu treffen.

Während der Zeit der Unsicherheit blieb er ruhig, er beobachtete nicht ängstlich täglich oder gar stündlich die Entwicklungen am Wirtschaftsmarkt, sondern wartete geduldig ab, bis sich die Situation wieder beruhigt hatte.

Auch hier scheint wieder das Vertrauen in den Segen Gottes durch.

Schutzschild gegen Worte

Worte können wohltuend sein, sie können Inhalte transportieren, Gefühle offenbaren oder auch wecken und auf ganz besondere Weise berühren. Worte können Welten erschaffen und auch zerstören, sie können schmerzen, plagen, piksen, aber auch schmeicheln, flirten und verführen.

Pater Anselm Grün macht einen großen Unterschied zwischen Reden und Sprechen.

Reden wird schnell zu Gerede, das ist nichts Gutes, das ist nichts, was einen positiven Impuls in sich trägt. Hier geht es nicht um Inhalte, es entsteht kein Miteinander. Im schlimmsten Fall wird über andere Menschen geredet, was niemanden weiterbringt.

Ganz anders ist es beim Sprechen. Wenn wir miteinander sprechen, führen wir ein Gespräch. Pater Anselm sagt: »Wir werden ein Gespräch.« Auf diese Weise kommen wir in Kontakt zueinander, es bewegt sich etwas, es kann etwas geschehen. Ein Gespräch kann die Basis für ein vertrauensvolles Miteinander sein.

Schutzschild gegen Worte

Auch wenn Pater Anselm immer wieder betont, dass er nicht bewerten möchte, hat er doch auch ganz menschliche Regungen, Emotionen, die ein Urteil fällen, ohne dass dabei zunächst sein Verstand zurate gezogen wird. In gewissen Momenten hat er das Bedürfnis, sich zu schützen.

So geht es ihm, wenn Menschen ihn mit Worten überspülen. Erlebt hat er das immer wieder bei Firmenvertretern, mit denen er als Cellerar natürlich regelmäßig zu tun hatte. Wenn ein solcher Vertreter ihm »ein Loch in den Bauch geredet hat«, war das meist keine Basis für ein gemeinsames Geschäft. Wer den Pater mit Worten bombardiert, löst bei ihm einen Schutzschild aus, auf einen solchen Menschen möchte er sich nicht einlassen. Der musste das Büro meist ohne Auftrag verlassen.

Bei Leuten, die ruhiger auf ihn zugingen, die den Raum für ein Gespräch gaben, lief es anders. Im Gespräch kann ein Miteinander entstehen, man »kann den Menschen spüren«. In einer solchen Atmosphäre konnte auch Pater Anselm über das Geschäft sprechen.

Ein gereinigter Start in den Arbeitstag

Worte, Gedanken und Emotionen beeinflussen die innere und äußere Welt jedes Menschen. Wer griesgrämig durch den Tag geht, muss sicher nicht lange warten, bis ihm diese Griesgrämigkeit wie ein Spiegel durch die schlechte Laune seiner Mitmenschen vorgehalten wird. Doch genauso funktioniert es umgekehrt. Wenn wir fröhlich und leichten Herzens anderen Menschen begegnen, unsere täglichen Aufgaben offen und gut gelaunt annehmen, so wird diese positive Emotion auf andere Menschen abstrahlen, eine wohltuende Resonanz erzeugen.

Vorgesetzte, die Verantwortung für Firma und Mitarbeiter tragen, haben eine besondere Verpflichtung, als gutes Beispiel positiv voranzugehen. Natürlich gehören Ärger und Probleme zum Alltag. Wer eine Firma leitet, wer Verantwortung trägt, erlebt nicht täglich eitel Sonnenschein. Und es ist nur menschlich, dass wir auf Ärger mit Wut reagieren, dass wir enttäuscht sind, traurig oder verzweifelt. Das ist in Ordnung. Auftauchende Gefühle gehören dazu, egal ob positiv oder negativ. Sie sollten ernst genommen werden.

Wie jemand aber mit diesen negativen Gefühlen umgeht, dafür trägt er dann wieder selbst die Verantwortung. Wer es zulässt, dass die Wut den ganzen Tag überflutet, handelt nicht verantwortlich. Er betreibt »emotionale Umweltverschmutzung«.

Pater Anselm ist sich seiner Verantwortung natürlich bewusst, und es wird niemanden verwundern, dass er Strategien hat, mit seinen negativen Emotionen positiv umzugehen. Für ihn heißt das, er reinigt sich, bevor er in den Tag startet. Das wiederum bedeutet für ihn Meditation, Jesusgebet und durch die negativen Gefühle hindurchzugehen, hinab in den Grund seiner Seele, wo Liebe ist.

Hineinfühlen und auf die Intuition vertrauen

Jeder, der schon einmal einen Vortrag gehalten, eine Show oder eine Diskussion moderiert hat oder auch nur bei einer Familienfeier ein paar Worte sagen wollte, weiß, wie viel Vorbereitungen solch ein Auftritt kostet.

Natürlich wird jemand, der ungeübt ist, länger brauchen, sich mehr Notizen machen und seine Anstrengung darauf richten, für alle Wägbarkeiten und Unwägbarkeiten gerüstet zu sein.

Doch auch geübte Redner haben meist ein schriftliches Gerüst, an dem entlang sie sich während ihres Auftritts bewegen.

Pater Anselm hat seine Themen so sehr verinnerlicht, dass er auf derlei Hilfsmittel überwiegend verzichtet. Seine Vorbereitung heißt: im Vorfeld mit den Zuhörern ins Gespräch kommen. Hineinfühlen in die Menschen und dann intuitiv das im Vortrag aufgreifen, was die Menschen brauchen. Wieder zeigt er: Er lebt im Hier und Jetzt.

Immer wieder erlebt man bei den Gesprächen zuerst das Erstaunen der Moderatoren, die den Pater als Redner ankündigen, das dann von einer gewissen Fassungslosigkeit abgelöst wird. Fast kann man an den Gesichtern der Moderatoren ablesen, dass sie in diesem Moment sich selbst und ihre Moderationskarten reflektieren. Man kann zusehen, wie die Bewunderung für diesen gelassenen Pater in diesem Augenblick der Erkenntnis noch einmal erheblich wächst, selbst wenn er vorher gewiss bereits sehr geschätzt wurde.

Natürlich kennt der Pater seine Themen in- und auswendig. Wenn er zum Beispiel über die Werte spricht, dann sind das von allein schon sieben Punkte, die immer erläutert werden und so quasi ein immanentes Gerüst stellen – dafür braucht der Pater nun wirklich keine Notiz-Stütze mehr.

Einen Vortrag zu halten, bedeutet für Pater Anselm nicht, einen Monolog zu halten. Vielmehr möchte er mit den Zuhörern in eine Art Gespräch kommen – wenn auch ein Gespräch, bei dem nur eine Seite das Wort hat. Die Zuhörer sprechen nicht mit Worten, sondern über Reaktionen, Mimik, Gestik, Applaus oder

Lachen. So geht er sicher, dass er in Kontakt bleibt, dass er nicht eine theoretische Abhandlung von sich gibt und dabei die Menschen im Publikum aus den Augen verliert.

Pater Anselm setzt auch hier wieder auf das Vertrauen in Gott. Er weiß, dass er geführt wird.

Schwäche in Stärke wandeln

Es liegt in der Natur der Sache, dass wir Menschen unterschiedliche Begabungen haben. Und ebenso natürlich ist es, dass wir meist versuchen, von unseren Schwächen abzulenken, und viel lieber unsere Stärken betonen.

Manchmal kokettieren wir auch mit vermeintlichen Schwächen und wollen damit vielleicht etwas anderes sagen, die Botschaft findet sich auf einer anderen Ebene.

Wer seine Ungeduld betont, möchte vielleicht gar nicht so sehr sagen: Sieh her, ich bin schwach, mir fehlt die Geduld. Die andere Ebene sagt nämlich: Ich halte mich nicht lange mit Geduld auf, ich bin ein Macher. Bei mir geht es vorwärts.

Im Miteinander ist es manchmal durchaus nützlich, sich der eigenen Schwächen, aber auch der Stärken des Gegenübers bewusst zu sein. Ein Chef muss nicht zu seinen Mitarbeitern sagen: Ich kann das nicht so gut, mach du das. Aber er kann natürlich geschickt die Fäden ziehen und auf diese Weise seine eigenen Schwächen umgehen.

Ein achtsamer Mensch wie Pater Anselm weiß natürlich sehr genau um seine Schwächen. So gibt er zu, nicht besonders gerne mit Konflikten umzugehen. Wenn hart verhandelt, vielleicht um Prozente oder andere Dinge gefeilscht werden soll, ist ihm nicht wohl dabei. Da er es nicht gerne macht, kann er es auch nicht sehr gut – zumindest schätzt er das selbst so ein. Das hätte in seiner Zeit als Führungskraft im Kloster zu einem Problem werden können.

Doch selbstverständlich beobachtet Pater Anselm nicht nur sich selbst, sondern auch seine Mitmenschen sehr genau. Er nimmt sie wahr. So wusste er, dass er einen Mitarbeiter hat, dem derartige Konflikte nicht nur nichts ausmachten, nein, er genoss es richtiggehend, wenn er für Pater Anselm und das Kloster »in den Ring steigen« durfte.

Für ihn war es eine Anerkennung seiner Stärken, es waren Erfolgserlebnisse, wenn er, von Pater Anselm beauftragt, mit guten Ergebnissen aus den Verhandlungen herausging. Auf diese Weise schaffte Pater Anselm es, seine menschliche Schwäche der Konfliktscheu in eine Stärke als Führungskraft zu wandeln und damit auch noch einen positiven Impuls zu setzen.

Abgeben und loslassen

Für Pater Anselm ist es eine Selbstverständlichkeit, dass er sein Leben in Gottes Hand legt. Er vertraut auf dessen Liebe, auf die Führung und darauf, dass er Unterstützung bekommt, wenn er sie braucht.

Im Gebet erbittet der Pater Gottes Segen für sein Tun. Das ist für ihn wichtig. So gibt er nach Gesprächen den weiteren Verlauf in Gottes Hand, vertraut darauf und kann auf diese Weise loslassen.

Doch er betet nicht zu Gott, um ihn um Erfolg zu bitten. Das wäre seiner Meinung nach ein Missbrauch Gottes.

So lässt sich auch seine Reaktion auf ein Geschenk verstehen, die ansonsten eher untypisch für diesen ruhigen, besonnenen Menschen ist.

Oft drücken Menschen ihre Anerkennung durch Geschenke aus. Manchmal können Sänger nach ihrem Auftritt tütenweise Teddybären und Blumen von der Bühne aufsammeln. Eiskunstläufer haben sogar extra Blumenmädchen, die das Aufsammeln nach der Show für sie übernehmen. Fangeschenke kommen per Post, per Boten oder werden, wann immer sich eine Chance ergibt, persönlich überreicht. Nicht immer treffen sie den Geschmack des Beschenkten.

Auch Pater Anselm bekommt Präsente. Eines Tages schenkte ihm eine Frau ein Buch mit dem Titel *Bete und werde reich*. Vielleicht meinte es die Schenkende wirklich gut, es ist bekannt, dass Pater Anselm bei seinen Anlagen für das Kloster nicht nur auf Sicherheit ging. In Zeiten der Finanzkrise stand es wie bereits erwähnt um einige dieser Anlagen nicht gut. Doch selbst vor diesem Hintergrund traf das Buch so gar nicht den Geschmack des Paters. Nie würde er auf eine derartige Idee kommen und sein Bedürfnis, derartige Ausführungen zu lesen, lag bei null.

Der sonst so respektvolle Pater fackelte nicht lange. Ungelesen flog dieses Geschenk direkt in den Papierkorb.

Abgeben und loslassen, das galt – wenn auch in anderem Sinne – auch für dieses Buch.

Der Pater, das Reh und der Steinbock

Jeder Mensch hat eine Vorstellung von sich selbst. Er schätzt ein, wie er auf andere wirkt, was er ausstrahlt und anderen von sich selbst vermittelt.

Pater Anselm wurde schon oft nach seinem Selbstbild gefragt. Und meist antwortete er dann reflektiert, indem er seine größte Stärke nannte, das ist »Vertrauen schaffen«, und ein paar Ausführungen zu seinen Erlebnissen und Erfahrungen ergänzte.

Die Frage, welches Tier er in sich sieht, ist eher unüblich. Das war sicher auch der Fragestellerin bewusst, denn sie näherte sich vorsichtig und mit Sicherheitszwischenfragen.

Zuerst nämlich fragte sie: »Ist der Baum beseelt? Ist das Tier beseelt für Sie?«

Erst nachdem Pater Anselm Grün das bestätigte, wagte sie sich mit der wirklichen Frage hervor: »Als welches Tier sehen Sie sich denn?«

Damit schaffte sie es tatsächlich, den Pater einen kurzen Moment sprachlos zu machen. Einen derartigen Vergleich hat er nicht von sich im Kopf. Nach ein paar Sekunden hat sich der über Jahrzehnte geübte und erfahrene Redner aber gefangen und bleibt die Antwort nicht schuldig.

Wenn er sich als ein Tier sehen würde, dann wäre es wohl ein Reh, meint er. Und schiebt hinterher, dass er vom Sternzeichen her eigentlich Steinbock sei, der ja bekanntlich zäh sei. »Und So eine Zähigkeit habe ich schon auch.«

Wachheit braucht Rhythmus

Die Anforderungen an Schüler und Studenten, aber auch an Angestellte und Mitarbeiter in der Arbeitswelt sind hoch. Der Lernstoff, den ein Kind bis zum Abitur und ein Student bis zum Abschluss zu bewältigen hat, ist unfassbar anspruchsvoll. Oft verzweifeln Schüler und Studenten.

Sehr oft kämpfen sie Stunde über Stunde mit einem Thema. Sie lernen, ackern, quälen sich und das Ergebnis am Ende ist überaus mager. Es kommt zu Frust.

Was ist passiert?

Faulheit kann man nicht unterstellen, wenn jemand sich stunden- und tagelang hinsetzt und büffelt. Doch Körper und Seele streiken, sie werden müde, machen zu und nehmen nur wenig des Gelernten an.

Wer viel lernen muss, braucht die richtige Technik, um erfolgreich zu sein. Hier gilt es, das richtige Maß zu finden.

Als Pater Anselm noch zur Schule ging, hatte er für sich einen besonderen Lernrhythmus gefunden. Er wechselte im Halbstundentakt die Lerninhalte, sprang von Latein über Biologie zu Griechisch.

Diese Abwechslung bringt bei ihm den Erfolg. Das war in seiner Schulzeit so, und das ist auch heute noch so, wie man an dem enormen Schreib-Output sehen kann. Für ihn sind seine drei mal zwei Schreibstunden in der Woche genau richtig. Er vergeudet keine Zeit, indem er über Stunden verharrt und auf Eingebung wartet, während er gegen die im Laufe der Stunden wachsende Müdigkeit kämpft. Das wären alles vergeudete Energien. Dadurch, dass er nach zwei Stunden den einen Arbeitsbereich abschließt und sich einem anderen zuwendet, hält er sich wach, ohne unnötig viel Energie darauf verwenden zu müssen.

Der Wechsel hält lebendig – und zwar den Körper und den Geist. Wachheit braucht Rhythmus, und nur wer wach ist, kann lebendig sein, am Leben aktiv teilhaben und bei seiner Energie aus dem Vollen schöpfen, anstatt immer wieder an die Reserven zu gehen.

Betrauern und loslassen – auch wenn es um Frauen geht

Das Leben fordert ständig Entscheidungen. Tag für Tag stehen wir vor der Anforderung, etwas entscheiden zu müssen. Das fängt morgens an, wenn wir am Schrank stehen und uns für das Kleidungsstück entscheiden müssen, in dem wir in den Tag gehen wollen. Kein Problem für die meisten, doch es gibt Menschen, die hier bereits an ihre Grenzen stoßen, die abwägen, grübeln, entscheiden und umentscheiden und dabei eine Unmenge an Energie vergeuden.

Auch das Frühstück fordert Entscheidungen. Müsli oder Brot? Kaffee oder Tee? Obst oder Saft?

Wir müssen uns entscheiden, sonst kommt es zum Stillstand. Doch wer sich für Müsli entschieden hat, hat sich gegen das Brot entschieden. In diesem Fall ist das sicher nicht wesentlich, die Trauer um das Brot wird sich in Grenzen halten, wenn der Bauch angenehm gefüllt ist. Bei größeren, gewichtigeren Entscheidungen ist das mit der Trauer um das Verlorene indessen schon wichtiger.

So erzählt Pater Anselm von einer Studentin, die mit einem sehr guten Abitur viele Studienrichtungen zur Auswahl hatte. Sie konnte sich zwischen Musik, Sport, Mathematik und Medizin entscheiden, doch das fiel ihr unglaublich schwer. Verständlich, denn jedes dieser Fächer hat seinen eigenen Reiz. Doch um mit dem Studium beginnen zu können, musste sie sich entscheiden. Wer durch keine der offenen Türen geht, wird irgendwann vor lauter verschlossenen Türen stehen. Wichtig ist, wenn man sich für etwas entschieden hat, muss man das Verlorene betrauern und dann loslassen, am Ende ganz Ja sagen zu dem, was man entschieden hat. Nur so kann man mit der ganzen Energie im Jetzt sein.

Dieser Studentin ist dieses Loslassen nicht gelungen, und so kam es, dass sie nach zwei Jahren, als das Medizinstudium mit dem Physikum anstrengend und mühsam wurde, wieder neu mit der Trauer um das verlorene Musikstudium zu kämpfen hatte. Dieses Nachtrauern zog Energie von ihr ab. Das tut nicht gut.

Auch Pater Anselm hatte in seinem Leben wichtige Entscheidungen zu treffen. So hat er sich für das Klosterleben und gegen ein weltliches Leben mit Frau und Kindern entschieden. Als bei einer Supervision, an der er teilnahm, der Supervisor über Entscheidung sprach, sagte er zu den Mönchen, sie müssten betrauern, dass sie keine Frau hätten, er müsse betrauern, dass er nur die Frau habe.

Das Maß bei Entscheidungen

Manche Entscheidungen muss man mit dem Kopf, andere mit dem Bauch treffen. Für manche kann man sich etwas Zeit lassen, andere müssen sofort getroffen werden.

Manchmal sind schnelle Entscheidungen enorm wichtig, denn aufgeschobene Entscheidungen können richtig viel Geld kosten.

Pater Anselm musste in seiner leitenden Position im Kloster immer Entscheidungen treffen, und das sehr oft schnell. Er erzählt, dass er bei allen Baumaßnahmen im Kloster in vielen Sitzungen, aber auch direkt vor Ort entscheiden musste. Es wäre unbezahlbar geworden, hätte er für jede Steckdosenposition, für jeden Lichtschalter erst eine Sitzung einberufen.

Grundsätzlich galt aber, größere Entscheidungen müssen im Kloster von allen Brüdern getragen werden. War absehbar, dass eine Entscheidung auf einen Kampf hinausläuft, dass vielleicht Abt und Cellerar die Abstimmung nach ihrem Wunsch hätten wenden können, aber damit etliche Brüder vor den Kopf gestoßen worden wären, dann wurden solche Abstimmungen durchaus auch einmal etwas nach hinten geschoben. Nach zwei Wochen, in denen alle die Möglichkeit hatten, sich eingehend mit dem Thema zu beschäftigen, sich eine Meinung zu bilden oder sich in Diskussionen überzeugen zu lassen, ging man das Thema neu an. Wenn es dann bei der Abstimmung vielleicht drei oder vier Gegenstimmen gab, konnten alle damit leben.

Doch Pater Anselm erzählt, dass es auch christliche Gemeinden gibt, in denen wird so lange gebetet, bis alle einer Meinung sind. Das hält er für nicht sinnvoll, denn unterm Strich heißt das: »Wir beten, bis ihr alle meiner Meinung seid.«

Eine Form der autoritären Abstimmung, die nichts mit Meinungsfreiheit zu tun hat.

Nimm dein Bett und geh!

Wer Vorträge und Seminare hält, weiß, was für eine große Aufgabe das ist. Über den Nachklang, das Grübeln oder besser das Loslassen im Vertrauen auf Gott wurde in einer der vorherigen Anekdoten bereits berichtet.

Jetzt geht es um die Vorbereitung, die Gestaltung einer Veranstaltung. Natürlich will man gute Arbeit abliefern, an alles denken und möglichst eloquent vor den Zuhörern stehen und sprechen. Doch oft ist die Angst vor Fehlern wie ein großes Monster und raubt Energie. Akribische Vorbereitung kann helfen, aber sie frisst auch viel Zeit. Und sie kann nicht das Vertrauen in einen selbst ersetzen. Und genau dieses Vertrauen ist enorm wichtig, da der Sprecher es ebenso ausstrahlt wie die Angst, wenn sie ihm im Nacken sitzt.

Auch Pater Anselm hat seine Vorträge nicht immer so frei Hand und sicher gehalten, wie er es heute tut. Bei der Vorbereitung eines Kurses hat er sich bemüht, alle Bedürfnisse abzudecken. Bei allen Überlegungen war immer das Wichtigste, dass der Kurs auf eine Weise abläuft, dass alle zufrieden sind. Das hat ihn sehr viel Energie gekostet. Auch heute bereitet er sich natürlich noch vor, aber in einem komplett anderen Maß. Doch inzwischen braucht er nicht mehr die umfassend akribische Vorbereitung. Vielmehr betritt er den Raum innerlich begleitet vom Wort Jesu: »Steh auf, nimm dein Bett und geh!«

In diesem Fall steht das Bett für Zweifel und Hemmungen. Symbolisch das Bett unter den Arm nehmen, aufstehen und gehen – so kommt man in die eigene Kraft. Man löst sich von dem verkrampften Versuch, immer alles richtig zu machen, und meistert die Aufgaben im Vertrauen auf göttliche Führung.

Rituale geben Halt

Viele Menschen haben ihre persönlichen Rituale, die ihrem Leben Rhythmus geben, die als End- oder Anfangssignal eingesetzt werden, die einen Rückzug ermöglichen, einen Moment der Kraft und Stille erlauben. Ein Ritual kann alles sein, eine Geste, ein Moment der Stille, ein besonderes Lied, das einen Impuls setzt, ein Spaziergang, der hilft, etwas loszulassen.

So bunt die Welt ist, so bunt sind auch die Ideen zu Ritualen.

Für Pater Anselm Grün gehören Rituale ganz selbstverständlich zu seinem Leben dazu. Überwiegend sind das für ihn Stille und Gebet.

So gehören die ersten drei Stunden jedes Tages der Stille und dem Gebet. In dieser Zeit fühlt sich Pater Anselm ganz in sich selbst, geht in seinen inneren heiligen Ort der Stille, der nicht leer ist, sondern angefüllt mit Liebe, Barmherzigkeit, Erbarmen.

Wie bereits ausgeführt, treffen sich die Ordensbrüder an jedem Tag fünf Mal zum gemeinsamen Gebet. Ohne diese rituelle Zeit hätte der Pater einen wichtigen Taktgeber verloren. Wahrscheinlich würde er noch mehr arbeiten, das Leben noch schneller leben. Vor allem aber geht es dem Pater um das Gefühl, Herr über sich und seinen Tagesablauf zu sein. Er braucht diese Zeit, die nur ihm gehört, in der er ganz bei sich selbst sein darf. Dadurch kommt er in Kontakt zu seiner eigenen Lebendigkeit.

Dieser Möglichkeit beraubt, käme höchstwahrscheinlich ein Gefühl der Fremdbestimmtheit bei ihm auf. Er würde den Kontakt zu sich selbst zumindest in dieser Intensität verlieren, wie er es durch die Rituale leben und erleben kann.

Pater Anselm Grün ist sicher: Rituale geben Halt.

Die Falle des Erfolgs

Die Welt dreht sich schnell und schneller, wir hetzen durch die Tage, funktionieren und agieren und die Anforderungen scheinen immer mehr und mehr zu werden.

Pater Anselm sagt, man müsse seine Aufgaben aus seiner Mitte heraus erfüllen, aus klaren Quellen schöpfen. Dann liefe man weniger Gefahr, einen Burn-out zu erleiden. Doch selbst diese gute Kraft ist natürlich nicht unerschöpflich. Zu einem gesunden Leben gehört auch Achtsamkeit, sich selbst und seinen Mitmenschen gegenüber.

Eine gefragte Persönlichkeit wie Pater Anselm, der seine Aufgaben mit Freude wahrnimmt, der von der Welle des Erfolgs getragen wird und seine Kraft aus klaren Quellen schöpft, kann ein Arbeitspensum erledigen, das manch anderen in die Knie zwingen würde.

Doch auch Pater Anselm ist nicht gefeit davor, über seine persönlichen Grenzen der Belastbarkeit zu gehen. Auch er muss mit seiner Energie haushalten. Anselm Grün ist sensibel sich selbst gegenüber, nimmt seine Empfindungen wahr und vor allem auch ernst.

So weiß er, wenn eine unbestimmte Unlust aufkommt, eine Müdigkeit, die sonst nicht vorhanden ist, dann kann das ein Zeichen sein, dass er langsam tun sollte. Er muss aufpassen, nicht selbst leer zu werden und dass seine Arbeit nicht zur Routine wird. Der Lebensrhythmus im Kloster ist ihm hierbei ein guter Halt, hier kann der Pater immer wieder neue Kraft schöpfen und zu sich selbst kommen.

Vor allem aber muss er entscheiden, was er wahrnehmen kann und möchte und was nicht. Er weiß, er kann nicht jede Einladung annehmen. Denn natürlich bekommt er weit mehr Anfragen, als er tatsächlich wahrnehmen kann.

Es ist auch wunderbar, es ist ein Geschenk, dass er die christliche Botschaft in die Welt tragen darf. Auf der anderen Seite ist seine Kraft nun einmal begrenzt. Er weiß: »Ich kann nicht alle Wünsche erfüllen.«

Würde er hier nicht bei sich bleiben, liefe er Gefahr, auszubrennen, leer zu werden. Das ist die Falle des Erfolgs.

Grenzen schaffen Klarheit und Wohlbefinden

Toleranz ist wichtig und gut, wir brauchen sie, sie ist der Grundstein für Akzeptanz. Toleranz bedeutet auch ein aktives Annehmen eines anderen, manchmal verwechseln Menschen das allerdings mit Gleichgültigkeit. Aber Toleranz hat Grenzen, die absolut wichtig sind. Wo die Grenzen fehlen, kippt Toleranz in etwas Ungutes.

Zum Beispiel Eltern, die ihren Kindern keine Grenzen setzen, sind nicht tolerant, sondern nachlässig. Oft steckt hinter fehlenden Grenzen Feigheit. Die Eltern fürchten sich vor dem Konflikt mit ihren Kindern, wenn sie für ihre Überzeugung einstehen. Oder auch Bequemlichkeit: Wer nichts verbietet, muss auch nicht lange über diese Entscheidung diskutieren.

Doch Toleranz braucht Grenzen.

Wenn zwei Menschen miteinander im Gespräch sind, gehen sie aufeinander ein, es entsteht eine Gemeinsamkeit. Sie tolerieren sich. Doch gleichzeitig gibt es Grenzen, die eingehalten werden müssen. Es gibt den persönlichen Raum, der nicht übertreten werden sollte. Kommt ein Gesprächspartner dem anderen zu nahe, entsteht Unwohlsein. Auch wenn die vorgegebenen Rollen innerhalb eines Gesprächs vertauscht werden, gerät das Miteinander in Schieflage.

Pater Anselm Grün kennt solche Situationen aus seinen Beratungsgesprächen. Immer mal wieder kommt es vor, dass ein Ratsuchender im Laufe des Gesprächs die Position wechselt, den Pater fragt, ob er ihm helfen könne. Das sind Momente, in denen der Pater einen großen inneren Schritt rückwärts macht. Intuitiv sucht er Abstand, denn ein derartiges Verhalten ist übergriffig, verletzt die Grenzen des Miteinanders. »Man fühlt sich unangenehm berührt.«

Nur wenn die Grenzen des Miteinanders – die je nach Gesprächspartner und Situation natürlich stark variieren – eingehalten werden, entstehen Klarheit und Wohlbefinden.

Ab in die Hölle

Wer mit einem Lächeln durch das Leben geht, wer die Liebe aus sich herausleuchten lässt, der bekommt auch Gutes zurück. Meistens jedenfalls. Wer Stellung bezieht, wer eine klare Position innehat, der wird – egal wie freundlich und voller Liebe er seine Position vertritt – immer auch Abwehr auslösen.

Natürlich können solche ablehnenden Haltungen sehr unterschiedlich ausfallen. Manche Menschen polarisieren stark und regen die Menschen mit ihrer Art zu lautstarker Zustimmung oder auch Kritik an.

Andere erfahren überwiegend Zustimmung, weil sie sanft auftreten, Menschen nicht absichtlich reizen.

Natürlich gibt es mehr Reaktionen, je mehr Öffentlichkeit jemand hat. Wer viele Menschen erreicht, läuft stärker Gefahr, auch seine Kritiker auf den Plan zu rufen.

Ab in die Hölle

Selbst sanft auftretende Menschen wie Pater Anselm Grün sind vor Kritik und Häme nicht gefeit.

Häme gab es für den Pater reichlich, als das Kloster durch Geldanlagen, die er zu verantworten hatte, während der Finanzkrise Verluste verschmerzen musste.

Aber auch seine christliche Lehre fordert Menschen heraus. Neben den Millionen Anhängern, die seine Worte und seine Botschaften als Wohltat erleben, gibt es auch immer wieder Kritiker. Nicht immer, aber oft kommen sie aus den Reihen der konservativen Christen.

So wird Pater Anselm als viel zu offen kritisiert. Er würde Glauben zu sehr mit weltlichen Dingen wie Psychologie vermischen. Manche tönen gar, er sei ein Häretiker, also ein Ketzer und Abweichler.

Den Gipfel der Kritik fand Pater Anselm Grün in einem an ihn gerichteten Brief. Da wünschte ihm der Schreiber, er möge zusammen mit Hitler in der Hölle schmoren.

Pater Anselm bleibt gelassen, er sieht in derlei Angriffen eine Verunsicherung in seinem Kritiker, die dieser mit derartiger Aggression zu kaschieren versucht.

Wo es möglich ist, versucht Pater Anselm, ins Gespräch zu kommen, Barrieren abzubauen und Unsicherheit in Stärke zu wandeln. Manchmal scheitert er jedoch an der Rechthaberei seines Gegenübers.

Der Möchtegern-Mönch und das Rumhängen

Für die weltlich lebenden Menschen ist Rumhängen, Nichtstun und einfach mal faul sein dürfen durchaus ein Geschenk und wohltuend. Man muss nicht immer arbeiten.

Bei den Mönchen sieht das etwas anders aus.

Pater Anselm erzählt von Benedikt. Der sagte, am Sonntag sollten die Mönche mehr lesen, doch das bedeutete keinesfalls, sich faul in einen Sessel zurückziehen und der puren Unterhaltung frönen. So hielt Benedikt die älteren Mönche an, jüngere Mönche durchaus lieber arbeiten zu lassen – auch sonntags –, wenn sie merkten, dass sie nur müßig herumstünden. Die Arbeit stellt auch eine Bindung zu Gott dar, man wird frei von sich selbst.

Und doch wird von vielen Leuten Kontemplation immer wieder missverstanden.

Rumhängen kann gar nichts, da passiert nichts, da wandelt sich nichts, da geht nichts voran.

In der Meditation, die oft von Menschen, die es nicht besser wissen, mit Rumhängen gleichgesetzt wird, geht es um den Wandel.

So erzählt Pater Anselm Grün von einem jungen Mann, der vor Jahren zu ihm kam und ins Kloster eintreten wollte.

Doch er stellte gleich klar, er sei ein kontemplativer Typ und könne allerhöchstens drei Stunden täglich arbeiten.

Anselm Grün antwortete, dass er nicht einmal zu den Trappisten gehen könne, denn »die arbeiten auch sechs Stunden«.

Für Pater Anselm ist Arbeit der Test, ob das Gebet stimmt. Bei beidem geht es um das Freiwerden von sich selbst und die Hingabe zu Gott.

Spiritualität der großen Worte und die Realität

Wer etwas immer wieder und besonders betonen muss, versucht damit oft, etwas zu verschleiern, etwas herbeizureden, was es so gar nicht gibt.

Wenn die Nachbarin den Nachbarn im Hausflur trifft und in gesenktem Ton anfängt mit: »Eigentlich lästere ich ja nicht …«, dann kann man sicher sein, dass im nächsten Moment ein »aber« kommt und über Mitmenschen hergezogen wird. Sobald jemand eine ihm eigene positive Eigenschaft auffällig betonen muss, ist gesundes Misstrauen angebracht.

Und so ist das auch im Kloster.

Ein wirklich spiritueller Mensch muss nicht in jedem dritten Satz seine Spiritualität betonen, er lebt sie einfach.

Pater Anselm erzählt von der Klostergemeinschaft, in der er lebt. Das sind rund 90 Männer und es gibt durchaus Konfliktpotenzial. Im

Alltag und im Umgang mit dem Alltag zeigt sich, ob das Gebet stimmt oder nicht, hier erweist sich, wer Spiritualität lebt.

So beobachtet der Pater zum Beispiel die unterschiedlichen Charaktere bei den Mönchen, wenn sie als Tischdiener an der Reihe sind. Im Umgang mit dem Essen, dem Geschirr und auch mit den Mitbrüdern spürt Pater Anselm sehr genau die Achtsamkeit oder auch die fehlende Achtsamkeit. So erzählt er, es gäbe Brüder, die ihren Mitbrüdern kaum das Essen gönnen. Sie räumen ab, kurz nachdem aufgetragen wurde, und die Mönche müssen sehen, dass sie schnell noch eine Gabel erwischen, bevor das Essen bereits wieder weg ist. Andere knallen die Tassen achtlos gegeneinander. Da ist in der Entwicklung der persönlichen Spiritualität durchaus noch Luft nach oben.

Und dann erzählt der Pater von einer Oberin, die ihr Kloster vollmundig als »Haus der Liebe« bezeichnete. Das klingt natürlich schön, aber es ist zugleich sehr hoch gegriffen. Pater Anselm würde von seinem Kloster nie behaupten, es sei ein Haus der Liebe, denn das weckt falsche Erwartungen, stimmt nicht mit der Realität des Alltags überein, in dem es durchaus

Konflikte gibt. Diese Oberin aber wurde nicht müde, diese Bezeichnung »Haus der Liebe« immer wieder zu wiederholen und auch nach außen zu tragen.

Nur merkwürdig, dass jemand sagte, seit sie ein Haus der Liebe seien, würde es immer kälter bei ihnen.

Schulden machen, um Geld zu verdienen

Das liebe Geld ist ein Thema, das alle Menschen mal mehr und mal weniger beschäftigt. Manchmal kommt es vor, dass ein Zuviel herrscht und der Mensch eine Anlagemöglichkeit sucht, die ihm Steuern erspart – im besten Fall sucht derjenige eine Möglichkeit, mit seinem Geld Gutes zu tun. Häufiger ist aber die Annäherung an das Thema aus einem Mangel heraus: Das Geld reicht nicht.

Dann wird nach Möglichkeiten gesucht, das vorhandene Kapital zu vermehren.

Oft denkt die Gesellschaft, einem Kloster gehe es immer gut, denn es ist Teil der Kirche und damit ist die wirtschaftliche Existenz über die Einnahmen der Kirchensteuern gesichert. Doch dem ist nicht so. Die Einnahmen aus der Kirchensteuer fließen nur in die Diözesen, Klöster sind wirtschaftlich eigenverantwortlich und müssen Geld verdienen.

Als Pater Anselm Cellerar des Klosters Münsterschwarzach wurde, stand er genau vor dieser

Aufgabe. Die zum Kloster gehörende Schule ist ein Zuschussbetrieb, der jährlich rund 200 000 Euro kostet. Solche Summen lassen sich nicht mit Landwirtschaft verdienen. Pater Anselm bewies Mut und entschied sich dafür, Schulden zu machen und dieses Geld besser anzulegen. Die Zinsdifferenz brachte dem Kloster die notwendigen Mittel, um Schule und Gästehaus zu finanzieren.

Ein Balanceakt, der durchaus Risiken barg – wie in der Finanzkrise deutlich wurde. Als die Gewinne ausblieben und es gar zu Verlusten kam, waren die Kritiker schnell auf dem Plan. Eben jene, die vorher begeistert Anselm Grüns Geschick in Gelddingen gelobt hatten, hoben nun scheinheilig die Zeigefinger.

Doch davon ließ sich der Pater nicht beeindrucken. Vielleicht wäre alles anders gekommen, wenn Anselm Grün nicht zwischenzeitlich zu einem vielfachen Bestsellerautor aufgestiegen wäre – Gelder, die ebenfalls dem Kloster und der Gemeinschaft zugutekommen.

Geld dient dem Menschen. Das Vermögen des Klosters sichert vielen Menschen ihre Arbeitsplätze.

Purist versus Gewinn – eine Frage der Ethik

Wir alle haben unsere persönliche Vorstellung von Moral und Ethik und für uns selbst Grenzen des Duldbaren festgesetzt. Tag für Tag stehen wir vor der Entscheidung, etwas zu tun oder nicht zu tun, weil es mit unserer Ethik nicht übereinstimmt.

Es kann sein, dass wir kein Fleisch kaufen, das aus Massentierhaltung heraus auf den Markt kam. Oder keine Kosmetik, bei der in der Entwicklung Tierversuche durchgeführt wurden. Wir kaufen vielleicht nicht bei Unternehmen ein, die für ihren ausbeuterischen Umgang mit Angestellten bekannt sind. Es gibt viele Richtungen, in die man denken und prüfen kann und sollte.

Manchmal schenken wir einem Unternehmen unser Vertrauen und merken erst später, dass dieses Vertrauen missbraucht wurde, die Firma etwa Kinderarbeit in Entwicklungsländern fördert.

Über solche Dinge macht sich selbstverständlich auch Pater Anselm Grün Gedanken, wenn es darum geht, Geld anzulegen und damit Unternehmen zu unterstützen. Doch wie kann man sichergehen, dass man nicht ein ethisch schwarzes Schaf unterstützt?

Auch Pater Anselm hat seine Grundsätze. Für ihn gibt es einerseits objektive Bewertungskriterien wie eine Liste von Öko-Research, die er zurate zieht, andererseits verlässt er sich absolut auf sein Bauchgefühl.

Und dann betont er, dass man aber auch kein absoluter Purist sein darf, wenn man Geld anlegen will. So hat eine angesehene Firma wie Daimler zum Beispiel einen kleinen Teil des Unternehmens, der mit Rüstung zu tun hat. Oder Pharmaunternehmen beteiligen sich möglicherweise an der Produktion der Antibabypille. Etwas, was Pater Anselm ethisch nicht vertreten kann, was ihn aber – solange es einen bestimmten Umfang nicht überschreitet – nicht von einer Geldanlage abhält. Wenn er das nicht mit sich vereinbaren könnte, wären ihm Geldanlagen vermutlich nicht möglich. »Es gibt keine Firma, die absolut rein ist.«

Allein oder einsam?

Wir leben in einer Gesellschaft mit vielen anderen Menschen und müssen immer wieder neu unsere Position und unsere Rolle in dieser Gruppe finden.

Die Bedürfnisse nach Gesellschaft und Nicht-Gesellschaft sind dabei sehr individuell und oft auch abhängig von der Lebenssituation.

Individuell sind die persönlichen Präferenzen. Was brauche ich? Was tut mir gut? Manch einer liebt Ruhe und kann sehr gut mit sich allein sein, ohne sich einsam zu fühlen. Ein anderer liebt vielleicht das Sein in einer Gruppe und hat am liebsten immer jemanden um sich.

Ob man allein ist oder in Gesellschaft, muss nicht zwangsläufig etwas damit zu tun haben, ob man sich einsam fühlt. Denn manchmal kommt es vor, dass man sich mitten in der Gesellschaft anderer schrecklich einsam fühlt, obwohl man nicht allein ist.

Das persönliche Bedürfnis steht aber nicht allein, immer kommt auch die Realität hinzu, der Alltag. Und diese beiden Punkte stimmen nicht stets überein.

Ein Mensch, der in einer Großfamilie lebt, wird vielleicht Momente des Alleinseins herbeisehen. Jemand, der allein lebt, wird Gesellschaft hin und wieder vielleicht als Geschenk empfinden.

Wichtig ist, ein gutes Gleichgewicht zu finden.

Pater Anselm kommt sehr gut mit dem Alleinsein zurecht. Und doch sagt er, wenn er sonntagnachmittags manchmal allein im Zimmer ist, kommt durchaus ein Gefühl der Einsamkeit auf. Das ist gar nicht schlimm. Dann geht Pater Anselm durch die Traurigkeit hindurch auf den Grund seiner Seele. Dort ist er All-Eins.

Er ist allein und doch verbunden mit sich und allem. Das ist für ihn eine wunderbare und heilsame Erfahrung. Er ist allein, aber eben doch nicht, denn er ist All-eins. So spürt er »einen tiefen Frieden und Dankbarkeit«.

Schreiben statt Sex

Sexuelle Lust gehört zum Leben eines Menschen ab einem gewissen Alter dazu. Diese Tatsache können auch Mönche nicht einfach abstellen.

Oft wird über derlei Dinge gar nicht oder wenn, dann nur hinter vorgehaltener Hand gesprochen.

Bei Pater Anselm ist das anders. Er steht zu sich und seinen Bedürfnissen. Er erzählt offen von seinen Krisen, seiner Verliebtheit und dem zeitweiligen Wunsch, mit einer Frau zusammenzuleben, zu heiraten und Kinder zu bekommen.

Und er steht dazu, dass auch er nicht vor sexuellem Verlangen gefeit ist. Doch für ihn ist das kein Problem, er hat für sich andere Kanäle gefunden. Ganz besonders ist es die Kreativität, die ihm die Möglichkeit gibt, sich auszuleben.

»Wenn ich schreibe, wenn ich kreativ bin, dann habe ich keine sexuellen Bedürfnisse.«

Lebendigkeit und Hingabe kann er sich über Kreativität holen, dazu braucht er keine Sexualität.

Quellen

Riesengroß und winzig klein

Bruder Grün: Glaube und Wissen im Zeitalter der Quantenphysik (Sternstunde Religion, 22.11.15); https://www.youtube.com/watch?v=XlaQusxtnzA; v. 23.11.2015; aufgerufen am 29.05.2016.

Der innere Raum der Stille und das Hamsterrad

»Versäume nicht dein Leben!« – Im Gespräch mit Pater Anselm Grün, Redaktion KiP; https://www.youtube.com/watch?v=GGbpeAjlxcM; v. 11.02.2015; aufgerufen am 29.05.2016.

Mut zur Lebenslücke

»Versäume nicht dein Leben!« – Im Gespräch mit Pater Anselm Grün, Redaktion KiP; https://www.youtube.com/watch?v=GGbpeAjlxcM; v. 11.02.2015; aufgerufen am 29.05.2016.

Lebendig im steten Wechsel

»Versäume nicht dein Leben!« – Im Gespräch mit Pater Anselm Grün, Redaktion KiP; https://www.youtube.com/watch?v=GGbpeAjlxcM; v. 11.02.2015; aufgerufen am 29.05.2016.

Der Weg zum geschriebenen Wort ging über Jugendkurse

»Versäume nicht dein Leben!« – Im Gespräch mit Pater Anselm Grün, Redaktion KiP; https://www.youtube.com/watch?v=GGbpeAjlxcM; v. 11.02.2015; aufgerufen am 29.05.2016.

Arbeit als Form von Lebendigkeit

»Versäume nicht dein Leben!« – Im Gespräch mit Pater Anselm Grün, Redaktion KiP; https://www.youtube.com/watch?v=GGbpeAjlxcM; v. 11.02.2015; aufgerufen am 29.05.2016.

Anselm Grün – Kleine Anekdoten aus dem Leben des Benediktinerpaters

Der frühe Pater betet, der späte Pater schreibt

Interview mit Anselm Grün; https://www.youtube.com/watch?-v=c7SoXRuAsq8; v. 11.02.2013; aufgerufen am 30.05.2016.

Vom Nuschler zur Hall of Fame der Sprecher

Pater Anselm Grün im Interview: Werte machen das Leben wertvoll; https://www.youtube.com/watch?v=PzrrSC-p5pg; v. 17.01.2011; aufgerufen am 30.05.2016.

Häuser bauen mit Worten und Empathie

Pater Anselm Grün im Interview: Werte machen das Leben wertvoll; https://www.youtube.com/watch?v=PzrrSC-p5pg; v. 17.01.2012; aufgerufen am 30.05.2016.

Sehnsucht nach Liebe versus Angst vor der Bürgerlichkeit

Anselm Grün – Menschen führen, leiten und begleiten (1/2): Interview; https://www.youtube.com/watch?v=V3Vb6rCv_C8; v. 25.04.2014; aufgerufen am 30.05.2016.

Wenn der Hunger zwickt, schwindet die Geduld

Anselm Grün – Menschen führen, leiten und begleiten (1/2): Interview; https://www.youtube.com/watch?v=V3Vb6rCv_C8; v. 25.04.2014; aufgerufen am 30.05.2016.

Die 68er im Kloster

Anselm Grün – Menschen führen, leiten und begleiten (1/2): Interview; https://www.youtube.com/watch?v=V3Vb6rCv_C8; v. 25.04.2014; aufgerufen am 31.05.2016.

Gottesfurcht entlastet

Anselm Grün – Menschen führen, leiten und begleiten (2/2): Vortrag; https://www.youtube.com/watch?v=azKlFJHfmpU; v. 25.04.2014; aufgerufen am 31.05.2016.

Quellen

Protokolle, Protokolle!

Anselm Grün – Menschen führen, leiten und begleiten (2/2): Vortrag; https://www.youtube.com/watch?v=azKlFJHfmpU; v. 25.04.2014; aufgerufen am 31.05.2016.

Liebe oder Liebe?

Anselm Grün: Die Liebe in christlicher und in mystischer Tradition; https://www.youtube.com/watch?v=wuJ8WQ3qLD0; v. 21.09.2015; aufgerufen am 31.05.2016.

Input, Output und das richtige Maß!

Vortrag von Pater Anselm Grün »Führen mit Werten«; https://www.youtube.com/watch?v=ZvRVif7rgTs; v. 13.08.2015; aufgerufen am 31.05.2016.

Wer Honig will, will Bienen

Vortrag von Pater Anselm Grün »Führen mit Werten«; https://www.youtube.com/watch?v=ZvRVif7rgTs; v. 13.08.2015; aufgerufen am 31.05.2016.

Schutzschild gegen Worte

Vortrag von Pater Anselm Grün »Führen mit Werten«; https://www.youtube.com/watch?v=ZvRVif7rgTs; v. 13.08.2015; aufgerufen am 31.05.2016.

Ein gereinigter Start in den Arbeitstag

Vortrag von Pater Anselm Grün »Führen mit Werten«; https://www.youtube.com/watch?v=ZvRVif7rgTs; v. 13.08.2015; aufgerufen am 31.05.2016.

Hineinfühlen und auf die Intuition vertrauen

Vortrag von Pater Anselm Grün »Führen mit Werten«; https://www.youtube.com/watch?v=ZvRVif7rgTs; v. 13.08.2015; aufgerufen am 31.05.2016.

Anselm Grün – Kleine Anekdoten aus dem Leben des Benediktinerpaters

Schwäche in Stärke wandeln

Vortrag von Pater Anselm Grün »Führen mit Werten«; https://www.youtube.com/watch?v=ZvRVif7rgTs; v. 13.08.2015; aufgerufen am 31.05.2016.

Abgeben und loslassen

Vortrag von Pater Anselm Grün »Führen mit Werten«; https://www.youtube.com/watch?v=ZvRVif7rgTs; v. 13.08.2015; aufgerufen am 31.05.2016.

Der Pater, das Reh und der Steinbock

Vortrag von Pater Anselm Grün »Führen mit Werten«; https://www.youtube.com/watch?v=ZvRVif7rgTs; v. 13.08.2015; aufgerufen am 31.05.2016.

Wachheit braucht Rhythmus

Pater Dr. Anselm Grün OSB – Mit dem richtigen Maß die Wege zum Ich finden; https://www.youtube.com/watch?v=w-6BUKxWp7PU; v. 20.01.2016; aufgerufen am 01.06.2016.

Betrauern und loslassen – auch wenn es um Frauen geht

SYLT1 – Die Insel – Vortrag von Pater Anselm Grün; https://www.youtube.com/watch?v=4jP_--B8J1Q; v. 02.08.2015; aufgerufen am 01.06.2016.

Das Maß bei Entscheidungen

SYLT1 – Die Insel – Vortrag von Pater Anselm Grün; https://www.youtube.com/watch?v=4jP_--B8J1Q; v. 02.08.2015; aufgerufen am 01.06.2016.

Nimm dein Bett und geh!

SYLT1 – Die Insel – Vortrag von Pater Anselm Grün; https://www.youtube.com/watch?v=4jP_--B8J1Q; v. 02.08.2015; aufgerufen am 01.06.2016.

Quellen

Rituale geben Halt

Anselm Grün: Autor, Mönch und Manager – Fenster zum Sonntag-Talk; https://www.youtube.com/watch?v=LQPv09bObpI; v. 30.12.2011; aufgerufen am 01.06.2016.

Die Falle des Erfolgs

Anselm Grün: Autor, Mönch und Manager – Fenster zum Sonntag-Talk; https://www.youtube.com/watch?v=LQPv09bObpI; v. 30.12.2011; aufgerufen am 01.06.2016.

Grenzen schaffen Klarheit und Wohlbefinden

Anselm Grün auf Gedankengängen mit Michael Harles BR 2014; https://www.youtube.com/watch?v=qE_ritEYXB8; v. 19.11.2014; aufgerufen am 01.06.2016.

Ab in die Hölle

Anselm Grün auf Gedankengängen mit Michael Harles BR 2014; https://www.youtube.com/watch?v=qE_ritEYXB8; v. 19.11.2014; aufgerufen am 01.06.2016.

Der Möchtegern-Mönch und das Rumhängen

Anselm Grün zum 90. Geburtstag von Willigis Jäger; https://www.youtube.com/watch?v=pmdu5Sw9NbA; v. 02.06.2015; aufgerufen am 04.06.2016.

Spiritualität der großen Worte und die Realität

Anselm Grün zum 90. Geburtstag von Willigis Jäger; https://www.youtube.com/watch?v=pmdu5Sw9NbA; v. 02.06.2015; aufgerufen am 04.06.2016.

Schulden machen, um Geld zu verdienen

Ethik und das liebe Geld – wie passt das zusammen? (Invest 2016 Stuttgart); https://www.youtube.com/watch?v=1vQZ-hn0XeDw; v. 03.05.2016; aufgerufen am 04.06.2016.

Purist versus Gewinn – eine Frage der Ethik

Ethik und das liebe Geld – wie passt das zusammen? (Invest 2016 Stuttgart); https://www.youtube.com/watch?v=1vQZ-hn0XeDw; v. 03.05.2016; aufgerufen am 04.06.2016.

Allein oder einsam?

Anselm Grün, Sasha, Wolfgang Rademann, Ehrlich Brothers über das Alleinsein; https://www.youtube.com/watch?v=0n8F-Gh32IDk; v. 05.12.2014; aufgerufen am 04.06.2016.

Schreiben statt Sex

Anselm Grün – Benediktinerpater 3nach9; https://www.youtube.com/watch?v=xoEjrQ8hTRQ; v. 05.12.2014; aufgerufen am 04.06.2016.